Hallo und herzlich willkommen,

schön, dass du da bist! Wir sind Barbara, Conny und Steffi und wir möchten unsere Leidenschaft fürs Kochen und Backen mit dir teilen. Wir arbeiten als selbstständige Beraterinnen für das Direktvertriebsunternehmen Pampered Chef®. In diesem kleinen Kochmagazin verraten wir dir, wie du mit der Stoneware von Pampered Chef® köstliche Leckereien für dich und deine Lieben zubereiten kannst – vom klassischen Gemüsetopf bis zum trendigen Pulled Pork.

Zum Einsatz kommen dieses Mal die beliebten Produkte Ofenmeister und Kleiner Zaubermeister „Lily" von Pampered Chef®. Welche Vorteile diese praktischen Küchenhelfer bieten und für welche Gerichte sie sich eignen, erfährst du auf Seite 9. Gut zu wissen: Damit du dich leichter zurechtfindest, haben wir die Rezepte in Kategorien eingeteilt – Gesund & Gemüse, Fisch & Fleisch, Brote sowie Dessert & Kuchen.

Wir wünschen dir viel Spaß beim Nachkochen und freuen uns sehr über Kommentare und Anregungen.

Conny Steffi Barbara

P.S.: Die Abkürzung TM steht für Thermomix®.

GESUND UND GEMÜSE

FISCH UND FLEISCH

BROTE

DESSERT UND KUCHEN

Abkürzungen und Rezeptinfos:

EL	= Esslöffel	ml	= Milliliter	Pck.	= Packung, Päckchen
g	= Gramm	Msp.	= Messerspitze	O/U	= Ober-/Unterhitze
kg	= Kilogramm	Sek.	= Sekunden	°C	= Grad Celsius
Min.	= Minuten	TL	= Teelöffel		

Willkommen!

Auf einen Blick:
Wer wissen mag, von wem das jeweilige Rezept ist, schaut einfach auf den Löffel über dem Rezeptnamen!

S – Hier kocht Steffi Ebbing!

C – Hier kocht Conny Jolitz!

B – Hier kocht Barbara Jakob!

Steffi Ebbing

Backen und Kochen ist für mich ein wunderbarer Ausgleich zu meiner Arbeit als Flugbegleiterin. Ich probiere gerne Neues aus und bringe von meinen Reisen um die Welt immer wieder kulinarische Inspirationen mit. Egal ob duftendes Thai-Curry, mediterranes Risotto oder würziger Harissa-Topf: In meiner Küche finden sich die Aromen der Welt! Die Stoneware von Pampered Chef® ermöglicht es mir, meine Ideen ganz unkompliziert umzusetzen: Brote und Pizzaböden werden darin herrlich knusprig, Fleischgerichte zart und saftig. Ich freue mich, wenn du meine Rezepte ausprobierst und wünsche dir viel Spaß dabei!

@steffikochtundbackt

Steffi kocht und backt mit Pampered Chef

@ Steffi kocht und backt mit Zaubersteinen und Co.

steffi@ebbing-tm.de

www.ebbing-tm.de

Conny Jolitz

Pampered Chef® bedeutet „der verwöhnte Koch". Und genau das bin ich – sehr verwöhnt, wenn es um Küchenprodukte und Rezepte geht. Aber mal ehrlich, warum sollten wir uns mit weniger als dem Besten zufriedengeben? Am liebsten arbeite ich mit der Stoneware von Pampered Chef®, die jeden Ofen in eine Art Mini-Steinbackofen verwandelt. Dadurch kannst du zu Hause krosse Brote, aber auch aromatische Gemüsegerichte wie Ratatouille, Blumenkohlcurry und Eintöpfe zaubern. Für dieses Rezeptheft habe ich meine Lieblingsrezepte für dich ausgewählt – mehr von mir findest du im Internet unter meinem Nicknamen Miss Mixxi.

@missmixxi

Miss Mixxi

@ Conny Jolitz - Miss Mixxi zaubert

missmixxi@gmx.de

www.missmixxi.de

Barbara Jakob

Andere lesen oder meditieren, wenn sie sich erholen wollen – ich koche und backe! Ich liebe es, meine Familie mit Selbstgemachtem zu verwöhnen. Dabei verwende ich gerne regionale und saisonale Zutaten und wage mich auch mal an ausgefallenere Gerichte heran. Mit der Stoneware von Pampered Chef® kochen sich auch aufwändigere Kreationen wie Hühnersuppe oder echte Bratensauce ganz einfach fast wie von selbst. Aber natürlich dürfen es auch mal beliebte Klassiker wie Lasagne oder Rohrnudeln sein. Ich hoffe, bei meiner Rezeptauswahl ist für dich und deine Lieben das Passende dabei. Lasst es euch schmecken!

@babskochtmitpamperedchef

Babs kocht mit Pampered Chef

Babs kocht mit Pampered Chef

barbara.jakob83607@gmail.com

Backen und Kochen mit Stoneware von Pampered Chef®

Praktische Helfer wie der Ofenmeister und der Kleine Zaubermeister „Lily" machen die Arbeit in der Küche zum Vergnügen!

Duftendes Brot, vitaminreiche Eintöpfe, deftiger Schmorbraten und sogar pfiffige Desserts – all das lässt sich mit der Stoneware von Pampered Chef® zaubern. Hergestellt wird das hochwertige Kochgeschirr aus 100 Prozent weißem Ton. Dieses reine Naturmaterial ist langlebig, hygienisch und lebensmittelecht. Dadurch ermöglicht die Stoneware von Pampered Chef® gesundes Kochen und Backen ohne jedwede Schadstoffe. Der Clou: Der heiß gebrannte, feinporige Ton erzeugt ein Mikroklima im Backofen und sorgt für den begehrten Steinofen-Effekt. Beim Backen kann keine Schwitznässe entstehen, da die Feuchtigkeit zirkuliert. Brot, Braten und Co. werden außen knusprig und innen saftig. Köstliche Röstaromen entwickeln sich ohne Anbraten – ideal für alle, die Kalorien sparen und dabei nicht auf den vollen Geschmack verzichten möchten. Und die Stoneware von Pampered Chef® kann mehr! Die Tongefäße verteilen die Hitze gleichmäßig, sodass das Bratgut nicht gewendet werden muss. Die praktischen Küchenhelfer halten die Speisen lange warm, ohne deren Geschmack und Gerüche anzunehmen.

OFENMEISTER

Der Ofenmeister von Pampered Chef® ist Brotbacktopf und Schmortopf in einem! Während des Backens absorbiert er die Feuchtigkeit der Lebensmittel und gibt sie an den Ofen ab – so entsteht in jedem handelsüblichen Backofen ein Steinofen-Klima. Und das schmeckt man: Das Bratgut wird außen herrlich knusprig und innen schön saftig.

Maße: 32,5 cm x 22 cm x 17 cm
Füllmenge: 3 Liter

Der Ofenmeister ist ideal für:

- Schmorgerichte
- Braten
- Geschnetzeltes
- Eintöpfe
- Aufläufe
- Brote
- Kuchen

KLEINER ZAUBERMEISTER „LILY"

„Lily" von Pampered Chef® ist so etwas wie die kleine Schwester des Ofenmeisters. Auch sie eignet sich für hausgemachte Brote, Braten und vieles mehr. Allerdings ist ihr Fassungsvermögen geringer, sodass sie perfekt für Singles und kleine Haushalte ist. Und: Als Ergänzung für den Ofenmeister ermöglicht sie gleichzeitiges Backen und Braten – beide Produkte passen nämlich nebeneinander in den Ofen.

Maße: 15,6 cm x 26 cm x 15,9 cm
Füllmenge: 1,4 Liter

Der Kleine Zaubermeister „Lily" ist ideal für:

- Kleine Brote
- Kleine Kuchen
- Aufläufe für 1 – 2 Personen
- Schmorgerichte für 1 – 2 Personen
- Hackbraten
- Fleischkäse
- Beilagen wie Reis und Knödel

Scharfes Blumenkohlcurry

Einfach 6 Portionen 1 Stunde 30 Minuten Ofenmeister

300 g Kartoffeln
300 g Karotten
300 g Blumenkohl
2 Zwiebeln
20 g Ingwer
½ Chilischote
2 TL Gemüsebrüh-pulver
2 - 3 TL rote Curry-paste
1 Dose Kokosmilch

1| Den Ofen auf 200°C O/U-Hitze vorheizen.

2| Die Karotten, Kartoffeln und Zwiebeln in Scheiben schneiden, den Blumenkohl in kleine Röschen teilen.

3| Den Ingwer klein hacken und die Chilischote in kleine Ringe schneiden.

4| Currypaste und Brühpulver in die Kokosmilch einrühren.

5| Alle Zutaten in den Ofen-meister legen und mit der Kokosmilch bedecken.

6| Deckel schließen und das Curry für eine Stunde im Ofen garen.

Kartoffelstampf

Einfach **4 Portionen** **1 Stunde** **Ofenmeister**

6 große Kartoffeln (ca. 600 g)
100 ml Milch
1 Knoblauchzehe, grob gehackt (optional)
50 g Butter (optional)
Salz
Pfeffer

1| Kartoffeln schälen, in Stücke (ca. 2 x 2 cm) würfeln und in den Ofenmeister geben.

2| Milch, Butter und Knoblauch dazugeben.

3| In den kalten Ofen schieben und den Ofen auf 220°C O/U-Hitze heizen.

4| Ca. 45 Min. mit geschlossenem Deckel weich dämpfen.

5| Aus dem Ofen nehmen und mit dem Mixer zerkleinern und zu einem Stampf verarbeiten. Ggf. noch etwas Butter und Milch zugeben. Mit Salz und Pfeffer abschmecken.

Barbaras Tipp
Besonders fein und exotisch schmeckt der Stampf, wenn man zum Schluss eine Msp. Vanillemark unterrührt.

Risotto ohne Rühren

Einfach 4 Portionen 55 Minuten Ofenmeister

1 Zwiebel, gehackt
300 g Risotto-Reis, roh
3 EL Olivenöl
550 ml Hühner- oder Gemüsebrühe, heiß
50 ml Weißwein
150 g Tiefkühl-Erbsen
100 g gekochter Schinken, in Streifen geschnitten
50 - 60 g Parmesan, gerieben
2 - 3 EL Petersilie, gehackt
Salz
Pfeffer

1| Backofen auf 200°C O/U-Hitze vorheizen.

2| Zwiebeln, Reis und Olivenöl in einer Pfanne kurz andünsten oder alternativ in der Mikrowelle 4 Min. bei 600 Watt erhitzen.

3| Heiße Brühe, Wein, Reismischung und die Erbsen in den Ofenmeister geben, kurz verrühren und Deckel auflegen.

4| Auf der untersten Schiene 30 Min. bei 200°C garen.

5| Ofenmeister aus dem Backofen nehmen, Schinken, Parmesan und Petersilie unterrühren und mit geöffnetem Deckel im Backofen 10 Min. ziehen lassen, damit der Reis die restliche Flüssigkeit aufnehmen kann.

6| Mit Salz und Pfeffer abschmecken und servieren.

Steffis Tipp
Die Erbsen kann man durch Spargelabschnitte und Champignons ergänzen.

Halbiere das Rezept,
solltest du den Kleinen
oder Runden Zauber-
meister verwenden.

Kartoffel-Karotten-Topf

Einfach 6 Portionen 1 Stunde 30 Minuten Ofenmeister

650 g festkochende Kartoffeln
3 Zwiebeln
500 g Karotten
3 Knoblauchzehen
500 g Tomaten
5 Zweige Thymian
750 ml Gemüsebrühe
2 Lorbeerblätter
Pfeffer
Salz

1| Die Kartoffeln schälen und in Würfel schneiden.

2| Zwiebeln schälen und fein würfeln, Karotten ebenfalls.

3| Den geschälten Knoblauch in Scheiben schneiden.

4| Tomaten waschen und in Spalten schneiden.

5| Thymian abzupfen.

6| Alle Zutaten miteinander vermischen und in den Ofenmeister legen. Bei geschlossenem Deckel eine Stunde im Ofen bei 200°C garen.

Spargel

Einfach **4 - 6 Portionen** **35-45 Minuten** **Ofenmeister**

1,5 - 2 kg Spargel
1 TL Salz
1 TL Zucker
40 g Butter

1| Den Spargel schälen und die Schalen auf den Boden des Ofenmeisters legen.

2| Den geschälten Spargel auf den Schalen platzieren und mit Salz und Zucker bestreuen.

3| Die Butter in Flöckchen über den Spargel geben. Den Ofenmeister mit dem Deckel verschließen und im Backofen bei 230°C für 40-45 Min. garen (je nach gewünschter Bissfestigkeit).

Connys Tipp
Es können auch kleine Kartoffeln mit an den Rand des Ofenmeisters gelegt werden. Die garen wunderbar mit.

Bunter Gemüse-eintopf (vegan)

Einfach **4 Portionen** **1 Stunde** **Ofenmeister**

Für den Gemüseeintopf nehmt ihr 600 - 700 g frisches Gemüse, zum Beispiel:

½ Brokkoli, (Röschen halbiert, Strunk klein geschnitten)
3 Karotten
200 g Champignons
2 Stangen Staudensellerie
1 Knoblauchzehe, geschält und gewürfelt (optional)
½ Bund Petersilie
1 TL Salz
2 Prisen Pfeffer
2 TL Gemüsepaste (selbst gemacht) oder Gemüsebrühe

1| Ofen auf 230°C O/U-Hitze vorheizen

2| Das Gemüse waschen, eventuell schälen und in mundgerechte Stücke zu je 1 cm Stärke schneiden.

3| In den Ofenmeister füllen.

4| Den Ofenmeister mit so viel Wasser auffüllen, dass das Gemüse gut bedeckt ist (ca. 700-800 ml).

5| Petersilie und Gewürze zugeben.

6| Ca. 45 Min. garen, bis das Gemüse den gewünschten Garpunkt hat und ggf. nachwürzen. Heiß servieren.

Barbaras Tipp

Auch diese Gemüsesorten eignen sich hervorragend: Kohlrabi, Blumenkohl, Knollensellerie, Bohnen, Zuckerschoten, Lauch ...

Marokkanischer Kichererbsen-Möhren-Aprikosen-Schmortopf (vegan)

Einfach **4 Portionen** **1 Stunde 20 Minuten** **Ofenmeister**

1 Knoblauchzehe, gehackt
2 Zwiebeln, geschält und gewürfelt
1 TL Öl
Koriandersamen
Kreuzkümmel
Zatar (orientalisches Gewürz, ersatzweise Ras-el-Hanout)
1 cm frischer Ingwer, geschält
½ TL Zucker
1 kg Kirschtomaten (frisch)
4 Karotten, geschält und in Scheiben oder Streifen geschnitten
1 Tüte getrocknete Aprikosen (ungeschwefelt), grob gewürfelt
2 Dosen Kichererbsen, abgetropft
200 ml Wasser
1 TL Brühpaste (selbst gemacht) oder Gemüsebrühpulver
Salz und Pfeffer nach Belieben
1 Bund frischer Koriander, gehackt

1| Ofen auf 230°C O/U-Hitze vorheizen.

2| Knoblauch und Zwiebeln mit dem Öl in einer Pfanne glasig dünsten. Koriander, Kreuzkümmel, Zatar und Ingwer in einem Mörser klein mahlen, in die Pfanne geben und mitrösten.

3| Zucker dazugeben und einige Minuten karamellisieren.

4| Tomaten, Karotten, Aprikosen und Kichererbsen dazugeben und mit dem Wasser aufgießen. Brühpaste zugeben.

5| In den Ofenmeister umfüllen. Deckel auflegen und in den heißen Ofen stellen.

6| Ca. 60 Min. schmoren. Mit Salz und Pfeffer abschmecken.

7| Mit Koriander bestreuen und servieren.

Barbaras Tipp

Schmeckt lecker mit frischem Fladenbrot und Minzjoghurt. Für den Minzjoghurt einen Becher Joghurt mit zwei Stängeln klein geschnittener Minze, etwas Zitronensaft, einer gepressten Knoblauchzehe, Salz und Pfeffer und einer Prise Zucker mischen.

Ratatouille

Einfach **6 Portionen** **1 Stunde 10 Minuten** **Ofenmeister**

1 mittelgroße Aubergine
2 Zucchini
2 Paprikaschoten (rot und gelb)
2 Tomaten
2 Zwiebeln
4 Knoblauchzehen
1 Zweig Rosmarin (ca 10 cm)
3 Zweige Thymian
2 Salbeiblätter
Meersalz
Pfeffer
¼ Tube Tomatenmark
1 Dose stückige Tomaten

1 | Das Gemüse waschen, putzen und in mundgerechte Stücke schneiden. Die Zwiebeln grob würfeln und den Knoblauch fein hacken.

2 | Die Auberginenstücke einsalzen und 10 Min. ziehen lassen und dann gründlich abtupfen.

3 | Nachdem die Auberginen abgetupft sind, Gemüse, Zwiebeln, Knoblauch und Kräuter in eine große Schüssel geben, würzen und mit dem Tomatenmark verrühren.

4 | Mit den stückigen Tomaten den Boden des Ofenmeisters bedecken und die Gemüsemischung auf den Tomaten verteilen.

5 | Deckel schließen und im nicht vorgeheizten Backofen 50 Min. bei 230°C garen.

Barbaras Tipp
Der Geschmack dieser Soße Bolognese ist so, als hätte man alles in der Pfanne angebraten, aber mit viel weniger Fett und minimalem Arbeitsaufwand. Ich finde es eine tolle Alternative zur klassischen Methode.

Soße Bolognese ohne Anbraten

Einfach **4 Portionen** **1 Stunde 30 Minuten** **Ofenmeister**

500 g Rinderhack
1 Zwiebel, geschält und gewürfelt
1 Knoblauchzehe, geschält und gehackt
2 Karotten, geschält und geraspelt
1 große Petersilienwurzel, geschält und geraspelt
50 ml Rotwein
1 Dose stückige Tomaten
1 TL Zucker
1 EL Salz
5 cm Tomatenmark
2 TL getrocknete italienische Kräuter
Salz und Pfeffer

1| Ofen auf 230°C O/U-Hitze vorheizen.

2| Das Hackfleisch auf dem Boden des Ofenmeisters verteilen und leicht flach drücken.
Zwiebeln und Knoblauch sowie Karotten und Petersilienwurzel darauf verteilen.

3| Rotwein, Tomaten, Tomatenmark und Gewürze darübergeben, nicht umrühren.

4| Deckel auflegen und ca. 20 Min. auf der unteren Einschubleiste schmoren.

5| Die Zutaten gut miteinander mischen und noch einmal 40-50 Min. garen.

6| Mit Salz und Pfeffer abschmecken.

Schaschlik

Einfach 4 Portionen 1 Stunde 35 Minuten Ofenmeister

4 - 6 Schaschlikspieße, natur oder eingelegt
Salz, Pfeffer, Paprikapulver
1 Zwiebel
1 Paprikaschote
400 g Tomaten, passiert
70 g Tomatenmark
3 EL Ajvar
1 Flasche Schaschliksoße, Fertigprodukt (300 ml)
100 ml Curry-Ketchup
2 TL Currypulver
1 ½ TL Salz
1 ½ TL Pfeffer

1| Die Schaschlikspieße mit Salz, Pfeffer und Paprikapulver würzen. Dieser Schritt entfällt, solltest du schon gewürzte Schaschlikspieße gekauft haben.

2| Die Spieße in den Ofenmeister legen.

3| Backofen vorheizen auf 220°C O/U-Hitze

4| Zwiebel und Paprika in kleine Würfel schneiden. ***(TM: 3 Sek./Stufe 5)***

5| Öl in eine Pfanne geben und Zwiebeln mit Paprika glasig dünsten. ***(TM: 3 Min./Varoma/Stufe 2)***

6| Restliche Zutaten für die Soße zugeben und aufkochen lassen. ***(TM: 12 Min./100°C/Stufe 3)***

7| Soße über das Fleisch geben und Deckel vom Ofenmeister schließen.

8| Mit geschlossenem Deckel 80 Min. auf der untersten Schiene im Ofen garen. Ggf. mit Salz und Pfeffer nachwürzen.

Dazu passen Pommes, Reis, Spätzle, Kartoffeln oder auch nur frisches Brot.

Lammbraten

Einfach, raffiniert | 6 Portionen | 2 Stunden | Ofenmeister

2 Zwiebeln
3 - 4 Knoblauchzehen
1,2 kg Lammkeule
Salz, Pfeffer
3 Zweige Rosmarin
3 Stiele Thymian
1 TL Gemüsebrühpulver
2 EL Tomatenmark
400 ml Wasser
300 ml trockener Rotwein
2 EL Mehl

1| Backofen vorheizen auf 200°C O/U-Hitze.

2| Zwiebeln schälen und in grobe Stücke schneiden. Knoblauch schälen und mit dem Messerrücken leicht andrücken. Beides in den Ofenmeister geben.

3| Das Fleisch rundum mit Salz und Pfeffer würzen und mit den Kräutern auf die Zwiebeln legen.

4| Das Gemüsepulver und das Tomatenmark in 400 ml Wasser und den Rotwein einrühren. Über das Fleisch gießen.

5| Den Deckel auf den Ofenmeister setzen und in den vorgeheizten Ofen stellen. 90 Min. schmoren lassen.

6| Danach das Fleisch aus dem Ofenmeister nehmen, den Fond durch ein Sieb gießen und in einem Topf kurz aufkochen.

7| 2 EL Mehl mit etwas Wasser verrühren und in die Soße geben. Für 4 - 5 Min. unter Rühren köcheln lassen.

8| Mit Salz und Pfeffer abschmecken.

Lammragout mit Keniabohnen

Einfach | **4 Portionen** | **1 Stunde 20 Minuten** | **Ofenmeister**

700 g Lammschulter
200 g Keniabohnen (alternativ: Zuckerschoten)
1 Zwiebel, geschält und gewürfelt
1 Knoblauchzehe, geschält und gewürfelt
1 Dose stückige Tomaten
1 TL Paprikapulver
1 TL Salz
1 TL Gemüsebrühpulver
2 Prisen Pfeffer
½ TL Zimt
½ TL Zucker
½ TL Ras-el-Hanout (optional)

1| Ofen auf 230°C O/U-Hitze vorheizen.

2| Das Fleisch in ca. 2 cm große Würfel schneiden, Schwarte falls vorhanden entfernen.

3| Fleisch, Bohnen, Zwiebel und Knoblauch in den Ofenmeister geben.

4| Dosentomaten und ½ Dose Wasser darübergießen.

5| Gewürze hinzufügen

6| Deckel aufsetzen und auf der unteren Einschubleiste im Ofen ca. 60 Min. schmoren.

7| Abschmecken und servieren. Dazu passen Reis oder Nudeln.

Barbaras Tipp
Wer es sämiger mag, kann die Soße mit etwas Stärke oder Soßenbinder binden.

Es empfiehlt sich, für die
Zubereitung hochwertige
Zutaten zu verwenden,
insbesondere beim Fleisch
und dem Wein, um das beste
Ergebnis zu erzielen.

Echte Bratensoße

Mittel 4 Portionen 4 Stunden Ofenmeister

4 Rinderknochen, ca. 300 - 400 g (zum Beispiel aus der Hüfte)
1 große Zwiebel, geschält und gewürfelt
2 Karotten, geschält und in grobe Stücke geteilt
1 große Petersilienwurzel, geschält und in grobe Stücke geteilt
1 Lauch, gewaschen und in grobe Stücke geteilt
70 g Tomatenmark
30 g Zucker
200 g gemischtes, klein geschnittenes Suppengemüse (Zwiebel, Karotte, Sellerie, geschält)
100 ml Rotwein (z.B. Bordeaux oder Cabernet Sauvigon)
Salz und Pfeffer aus der Mühle
Ggf. **½ TL** Gemüsebrühpulver oder -paste
30 g kalte Butter

Barbaras Tipp
Man sollte unbedingt darauf achten, dass beim Anrösten weder das Fleisch noch das Gemüse oder das Tomatenmark verbrennen, da sonst die Soße bitter wird.

Herstellung des Fonds:

1| Ofenmeister von innen leicht einölen.

2| Rinderknochen waschen, abtrocknen und im Ofenmeister verteilen. Bei 200°C ohne Deckel im Backofen von allen Seiten ca. 45 Min. braun rösten.

4| Das Gemüse dazugeben, unterheben und weitere 30 Min. mitrösten.

5| Anschließend das Tomatenmark dazugeben und ebenfalls ca. 45 Min. mitrösten.

6| Jetzt mit so viel Wasser angießen, bis alles gut bedeckt ist (ca. 2 l). Deckel auflegen und 90 - 120 Min. im Backofen zu einem kräftigen Fond weiterschmoren.

7| Anschließend Knochen und Gemüse entfernen und den Fond durch ein feines, mit einer Stoffwindel ausgelegtes Sieb gießen, um die Trübstoffe zu filtern.

8| Den Fond in eine Kanne oder Flasche umfüllen und luftdicht verschließen. Kühl lagern (hält sich ca. 2 Wochen).

Herstellung der Bratensoße:

9| In einem Topf den Zucker karamellisieren, mit klein geschnittenem Gemüse (Zwiebel, Karotte, Sellerie) rösten und mit dem Rotwein ablöschen.

10| So lange bei mittlerer Hitze köcheln lassen, bis der Alkoholgeruch verflogen ist (ca. 10 Min.). 500 ml vom Fond (siehe oben) dazugeben und noch mal 60 Min. auf mittlerer Stufe einreduzieren lassen. Mit Salz, Pfeffer und ggf. Gemüsebrühe abschmecken.

12| Die Soße durch ein feines Sieb gießen, zurück in den Topf geben und mit der kalten Butter binden. Sofort servieren.

Thai-Curry

Einfach 3 - 4 Portionen 1 Stunde 5 Minuten Ofenmeister

600 g gemischtes Gemüse nach Wahl (Karotten, Champignons, grüne Bohnen, Lauchzwiebeln)
600 g Hähnchenfleisch
3 - 4 TL Currypaste (Rot, Gelb oder Grün)
1 Dose Kokosnussmilch
1 EL brauner Zucker oder Palmzucker
Salz
100 ml Wasser
2 - 3 Limetten
1 daumengroßes Stück Ingwer
2 Stängel Zitronengras
Koriander, frisch
1 - 2 EL Fischsoße

1| Backofen vorheizen auf 200°C O/U-Hitze.

2| Gemüse und Fleisch in mundgerechte Stücke schneiden und in den Ofenmeister legen.

3| In einem kleinen Topf die Currypaste auf dem Herd anrösten. So entfalten sich die Aromen besser.

4| Die Kokosmilch, Zucker, etwas Salz und das Wasser zugeben und gut verrühren. Eine Limette auspressen und Saft zur Kokosmilch geben.

5| Die Soße zum Fleisch und Gemüse in den Ofenmeister geben.

6| Den Ingwer in Scheiben schneiden und das Zitronengras mit einem Messerrücken zerstoßen. Wie das gemacht wird, kannst du hier (https://youtu.be gEso6LMSi40) anschauen. Ingwer und Zitronengras zum Curry geben.

7| Das Curry nun ca. 40 - 45 Min. mit geschlossenem Deckel im Backofen garen. Nach der Garzeit den Ingwer entfernen, wenn du nicht so gerne darauf beißen möchtest. Zitronengras ebenfalls entfernen.

8| Das Curry mit Fischsoße, Limettensaft und Salz nachwürzen und Reis dazu servieren.

9| Du kannst im Kleinen Zaubermeister auch den Reis für das Curry garen. Dazu einfach den Reis vor dem Curry im Kleinen Zaubermeister in den Ofen geben, das Curry im Ofenmeister später danebenstellen, es hat eine kürzere Garzeit als der Reis.

Lasagne

Einfach 3 - 4 Portionen 1 Stunde 25 Minuten Ofenmeister

SOßE BOLOGNESE
(Alternativ kann auch die Soße Bolognese ohne Anbraten aus diesem Kochheft, Seite 21, verwendet werden):
500 g Rinderhack
1 EL Olivenöl
1 Zwiebel, gehackt
2 Knoblauchzehen, gehackt
250 g Karotten, klein gehobelt
250 g Sellerieknolle (alternativ: Fenchelknolle), klein gehobelt
3 TL Tomatenmark
50 ml Rotwein
1 EL Zucker
1 EL italienische Kräuter (frisch oder getrocknet)
1 ½ TL Salz
1 TL Paprikapulver
1 Dose stückige Tomaten (ohne Gewürz)

BECHAMELSOßE:
40 g Butter
40 g Mehl
600 ml Milch
½ TL Salz
Pfeffer
Muskat
100 g geriebener Käse (Cheddar oder Old Amsterdam schmecken z.B. sehr gut)
½ Pck. Lasagneplatten (grün oder weiß)

Soße Bolognese:

1| Rinderhack in einem Wok oder einer großen Pfanne mit dem Olivenöl bei hoher Hitze krümelig braten.

2| Zwiebel und Knoblauch dazu geben und 3 Min. mitrösten.

3| Karotten und Sellerie 5 - 8 Min. mitrösten, bis das Gemüse leicht bräunt.

4| Tomatenmark dazugeben und so lange rösten, bis das Mark süßlich riecht und leicht karamellisiert (etwa 5 Min.).

5| Rotwein zugießen und so lange köcheln, bis es nicht mehr nach Alkohol riecht (etwa 5 Min.).

6| Zucker, Kräuter und Gewürze unterrühren.

7| Tomaten dazugeben. Die Tomaten mit dem Löffelrücken etwas zerdrücken und alles bei niedriger Hitze ca. 15 - 20 Min. schmurgeln lassen (es soll nur leicht simmern, nicht kochen).

8| Ofen auf 220°C O/U-Hitze vorheizen.

Währenddessen die Bechamelsoße zubereiten:

9| Butter schmelzen lassen. **(TM: 3 Min./100°C/ Stufe 1)**
Mehl dazugeben und zu einer Einbrenne kochen, bis das Mehl Farbe annimmt. **(TM: 3 Min./100°C/ Stufe 1)**

10| Milch und Gewürze zugeben und ca. 6 Min. zu einer cremigen Soße kochen. **(TM: 6 Min./90°C/ Stufe 4)**

11| Zum Schluss den geriebenen Käse unterrühren und sofort die Lasagne schichten.

Lasagne schichten:

12| 5 Lasagneplatten (nicht vorgekocht) in den Ofenmeister legen, ggf. etwas in Form brechen.

13| Eine Hälfte der Bolognesesoße darauf verteilen.

12| Ein Drittel der Bechamelsoße daraufstreichen. Vorgang wiederholen. Eine dritte Lage Lasagnenudeln auflegen und mit der restlichen Bechamelsoße vollständig bedecken.
Deckel auflegen.

13| Ca. 30 Min. mit geschlossenem Deckel auf der unteren Einschubleiste backen.

14| Deckel abnehmen und noch mal 10 - 15 Min. ohne Deckel backen, damit es schön braun wird.

Steffis Tipp

Sehr lecker schmeckt ein Klecks Crème fraîche zum Harissa-Topf.

Harissa-Topf

Einfach   4 - 6 Portionen   1 Stunde 30 Minuten   Ofenmeister

500 g Hähnchenbrustfilet, in Stücken
2 - 3 EL Brathähnchengewürz
400 g Champignons
2 Paprikaschoten

SOẞE
250 ml Cremefine zum Kochen, 7 % Fett
2 TL Gemüsebrühpulver
3 TL Harissa-Paste
1 Dose stückige Tomaten (400 g)
1 Dose passierte Tomaten (500 g)
Salz und Pfeffer nach Belieben
Petersilie, gehackt

1| Backofen vorheizen auf 220°C O/U-Hitze.

2| Die Hähnchenstücke mit dem Brathähnchengewürz würzen und in den Ofenmeister legen.

3| Paprika und Champignons in kleine Stücke schneiden und zum Fleisch geben.

4| Soße zubereiten: Alle Zutaten für die Soße, außer die Petersilie, verrühren und in den Ofenmeister geben, ggf. etwas unterheben.

5| Soße im Thermomix® zubereiten: Alle Zutaten, außer die Petersilie, in den Mixtopf geben und ***40 Sek./Stufe 4*** vermischen.

6| Die Soße über das Fleisch/Gemüse geben und kurz unterheben. Mit geschlossenem Deckel ca. 70 Min. garen.

7| Nach Bedarf die Soße mit etwas Stärke binden und mit Salz und Pfeffer abschmecken. Da die Harissa-Paste aber scharf ist, mit Pfeffer sparsam umgehen. Zum Servieren mit gehackter Petersilie bestreuen.

Dazu passt sehr gut Reis, Kartoffeln oder Nudeln als Beilage.

Meal Planner

Woche vom: ....

Montag

....

....

....

Mittwoch

....

....

....

Freitag

....

....

....

Dienstag

Donnerstag

Samstag/Sonntag

TIPP: Meal Planner kopieren und immer wieder verwenden!

Sesamhähnchen mit Maisgemüse (Low Carb)

Einfach **3 - 4 Portionen** **1 Stunde 5 Minuten** **Ofenmeister**

3 - 4 Hähnchenschenkel
2 EL Olivenöl
1 TL Currypulver
1 TL Salz
1 EL Sesam
1 großer Mangold
2 vorgekochte Maiskolben (alternativ 1 Dose Mais)
1 Karotte
1 Paprikaschote
1 Fenchelknolle
2 Knoblauchzehen

1| Die Hähnchenschenkel waschen, trocken tupfen und mit dem Öl, den Gewürzen und dem Sesam in einer Schüssel etwa 10 - 15 Min. marinieren.

2| Ofen auf 230°C O/U-Hitze vorheizen.

3| Mangold waschen, in feine Streifen schneiden und in den Ofenmeister geben.

4| Maiskolben abtrocknen und mit einem scharfen Messer die Maiskörner längs vom Kolben schneiden. Mit den Händen die Maiskörner etwas voneinander trennen und zum Mangold geben.

5| Das restliche Gemüse waschen, in mundgerechte Stücke teilen und in den Ofenmeister geben.

6| Die marinierten Hähnchenschenkel auf das Gemüsebett legen und mit geschlossenem Deckel ca. 45 Min. im Ofen braten.

7| Die Haut wird schön knusprig. Wer es richtig rösch mag, kann den Deckel für die letzten 10 Min. entfernen.

Barbaras Tipp

Für die vegetarische Variante ersetzt du das Hähnchen einfach durch Feta-Käse, den du ebenso marinierst. Dann verkürzt sich die Garzeit auf 30 Minuten.

Miesmuscheln

Einfach **2 - 4 Portionen** **35 Minuten** **Ofenmeister**

- **1** Zwiebel
- **2** Knoblauchzehen
- **2** Karotten
- **1** Lauch
- **500 g** Miesmuscheln
- **150 ml** Weißwein
- **1 EL** Zucker
- **1 EL** gehackte Petersilie

1| Ofen auf 230°C O/U-Hitze vorheizen.

2| Währenddessen Zwiebeln und Knoblauch sehr fein würfeln oder hacken. Karotte waschen, schälen und grob hobeln.

3| Lauch waschen, Strunk und dunkelgrünen Teil abschneiden und in feine Ringe schneiden.

4| Das komplette Gemüse in den Ofenmeister geben und ca. 10 Min. ohne Deckel rösten.

5| Die Muscheln waschen (offene Muscheln entsorgen), trocknen und zu dem Gemüse in den Ofenmeister geben.

6| Mit Weißwein und 100 ml Wasser aufgießen. Zucker und Petersilie dazugeben und mit zwei Esslöffeln die Muscheln zügig mit dem Sud vermischen.

7| Deckel aufsetzen und etwa 20 Min. im Ofen auf der unteren Einschubleiste garen.

8| Die Muscheln inklusive Sud in einen Suppenteller geben und mit frischem Baguette oder Brot genießen.

Pulled Pork

Mittel | 8 Portionen | 32 Stunden 15 Minuten inklusive Marinierzeit | Ofenmeister

FLEISCH:

2 kg Schweinenacken ohne Knochen
4 EL Senf

WÜRZMISCHUNG:

2 EL Paprika edelsüß
1 ½ EL Salz
1 ½ EL Zucker
2 EL Steakgewürz
1 EL Rauchpaprika (alternativ: Paprika rosenscharf)
1 EL Knoblauchgranulat
1 EL Kreuzkümmel
4 Zwiebeln, in Ringe geschnitten

SOẞE:

2 Knoblauchzehen
250 ml Apfelsaft
350 ml BBQ-Sauce (sweet & spicy, Raucharoma etc.)

Vortag:
Das Fleisch zuerst mit dem Senf bestreichen und dann die Gewürze vermischen und sehr sorgfältig einarbeiten. Dann das Fleisch ganz fest mit Frischhaltefolie verpacken. Es sollte keine Luft mehr zwischen Fleisch und Folie sein. Das Fleisch wird nun 24 Stunden im Kühlschrank mariniert.

1| Fleisch aus dem Kühlschrank nehmen und Zimmertemperatur annehmen lassen (ca. 60 Minuten).

2| Backofen auf 150°C O/U-Hitze vorheizen.

3| Die Zwiebeln abziehen und in feine Ringe schneiden und in den Ofenmeister als „Bett" legen.

4| Das Fleisch von der Folie befreien und in den Ofenmeister auf die Zwiebeln legen.

5| Apfelsaft, BBQ-Sauce und 2 Knoblauchzehen durchgepresst zu einer Soße vermischen und zum Fleisch gießen.

6| Nun den Ofenmeister mit dem Deckel verschließen und in den vorgeheizten Backofen geben. Das Fleisch wird nun für 7 Stunden im Backofen gebacken. Nach 3 Stunden das Fleisch einmal wenden.

7| Nach der Backzeit das Fleisch vorsichtig aus dem Ofenmeister nehmen und in eine große Schüssel geben. Nun wird das Fleisch mit zwei Gabeln einfach zerrupft. Das geht ganz einfach. Die restliche Soße kann nun mit dem Fleisch vermischt werden.

Dazu schmeckt Krautsalat, Zaziki und frisches Baguette.

Gulasch

Einfach, raffiniert **6 Portionen** **2 Stunden 45 Minuten** **Ofenmeister**

1 rote Paprikaschote
1 gelbe Paprikaschote
2 Zwiebeln
1 - 1 ½ kg Gulasch
Pfeffer, Salz, Paprika
2 TL Gemüsebrühpulver
1 Dose gehackte Tomaten
2 EL Ajvar
2 EL Tomatenmark
300 ml Rotwein

1| Die Paprika und die Zwiebeln in grobe Würfel schneiden.

2| Das Gulasch auf dem Boden des Ofenmeisters verteilen. Kräftig mit Salz, Pfeffer, Paprika und Gemüsebrühpulver würzen.

3| Die klein geschnittenen Paprika und die Zwiebeln auf dem Fleisch verteilen.

4| Die Tomaten, das Tomatenmark und das Ajvar auf das Gemüse geben. Alles gut miteinander verrühren.

5| Zum Schluss den Rotwein über das Ganze gießen.

6| Den Ofenmeister mit dem Deckel verschließen und für 2,5 Stunden bei 190°C im Ofen schmoren.

Connys Tipp
Vor Ende der Garzeit kann neben den Ofenmeister noch die „Lily" mit Beilagen, z.B. Semmelknödelteig oder Reis, gestellt werden.

Steffis Tipp
Als Beilage empfehle ich Salzkartoffeln und Gurkensalat.

Saftiger Putenbraten

Einfach **3 - 4 Portionen** **1 Stunde 40 Minuten** **Ofenmeister**

1 - 1 ½ kg Putenbraten
Salz, Pfeffer, Paprikapulver
1 EL Senf
1 EL Honig
1 EL Öl
3 mittelgroße Zwiebeln
250 ml Gemüse- oder Hühnerbrühe
Thymian, getrocknet
2 TL Speisestärke
1 - 2 EL dunkle Sojasoße

1 | Backofen auf 200°C O/U-Hitze vorheizen

2 | Putenbraten mit Salz, Pfeffer und Paprikapulver würzen.

3 | Aus Senf, Honig und Öl eine Marinade anrühren und den Putenbraten damit einreiben.

4 | Zwiebeln halbieren und in Scheiben schneiden.

5 | Die Zwiebeln in den Ofenmeister geben und den marinierten Putenbraten auf die Zwiebeln legen.

6 | Gemüsebrühe mit Salz, Pfeffer und Thymian würzen und in den Ofenmeister auf die Zwiebeln gießen.

7 | 90 Min. mit geschlossenem Deckel backen.

8 | Nach der Garzeit den Braten herausnehmen und die Zwiebelsoße in einen Topf geben und aufkochen.

9 | Die Speisestärke mit Wasser glatt rühren und als Bindung zur Soße geben.

10 | Salz, Pfeffer und, wenn gewünscht, einen Esslöffel dunkle Sojasoße zugeben und gut verrühren. Den Braten in Scheiben schneiden und mit der Soße servieren.

Steffis Tipp
Die Hälfte des Rezeptes passt auch gut in den Kleinen Zaubermeister – Backzeit ca. 65 Minuten.

Hühnersuppe

Einfach 4 Portionen 2 Stunden 30 Minuten Ofenmeister

1 Suppenhuhn (ca. 600 - 700 g)
2 Karotten, geschält und grob in Stücke geschnitten
1 Lauchstange, gewaschen und in 2 - 3 grobe Stücke geschnitten
100 g Sellerieknolle, geschält und grob gewürfelt
1 Zwiebel, geschält, im Ganzen
2 Lorbeerblätter
3-4 Wacholderbeeren
2-3 Pfefferkörner
2 TL Brühpaste (selbst gemacht) oder Brühpulver
1 TL Salz
½ Bund Petersilie (2 - 3 EL davon zurückbehalten für die Deko)

1 | Den Ofen auf 230°C O/U-Hitze vorheizen.

2 | Suppenhuhn innen und außen waschen, trocken tupfen und mit der Geflügelschere grob zerteilen: von der Brust aus längs halbieren und anschließend die Schenkel abtrennen, so entstehen vier Teile. Hals und Innereien wegwerfen.

3 | Die vier Hühnerteile in den Ofenmeister legen. Gemüse und Gewürze darüber verteilen.

4 | Mit so viel Wasser aufgießen, bis alles gut bedeckt ist (ca. 700-900 ml) und die Suppe ca. 2 - 2,5 Stunden darin schmoren.

5 | Den Ofenmeister aus dem Ofen nehmen, die Hühnerteile herausheben und das Fleisch vom Knochen zupfen. Ggf. in mundgerechte Teile schneiden und zur Seite legen.

6 | Die Suppe durch ein feines Sieb schütten, die Flüssigkeit dabei auffangen.

7 | Die Karotten und Sellerie aus dem Sieb nehmen und in Scheiben schneiden und in die Suppe zurückgeben. Das restliche Gemüse sowie die Gewürze wegwerfen.

8 | Das Hühnerfleisch zur Suppe geben. Mit Salz und Pfeffer abschmecken. Mit Petersilie bestreuen.

Barbaras Tipp

Die Suppe kann wunderbar vorbereitet und wieder aufgewärmt werden. Die Brühe ist sehr reichhaltig und kann bei Bedarf mit Wasser gestreckt werden, sodass sie auch für mehr Esser reicht. Statt Hühnchen kann man auch sehr gut ca. 500 g Rindfleisch nehmen.

Brasilianischer Fischtopf

Einfach 6 Portionen 1 Stunde 30 Minuten Ofenmeister

300 g Garnelen, geputzt, ohne Panzer
800 g Fisch (gemischter Seefisch, Lachs)
½ Zitrone, ausgepresst
5 Knoblauchzehen
2 Zwiebeln
1 rote Paprikaschote
1 gelbe Paprikaschote
2 Dosen gehackte Tomaten
Salz, Pfeffer
1 Dose Kokoscreme
2 TL Sambal Olek

1| Fische putzen, bei den Garnelen den schwarzen Darmanteil entfernen und zusammen in einer Schüssel mit dem Zitronensaft und durchgepressten Knoblauchzehen und etwas Salz mindestens 30 Min. durchziehen lassen.

2| Backofen vorheizen auf 230°C O/U-Hitze.

3| Zwiebel in grobe Scheiben und Paprika in Ringe schneiden.

4| Die entstandene Flüssigkeit beim Fisch ein wenig abgießen und den Fisch in mundgerechten Stücken auf dem Boden des Ofenmeisters verteilen.

5| Paprika und Zwiebeln auf den Fisch legen, die Tomatenstückchen darübergießen und mit Salz und Pfeffer würzen.

6| Den Ofenmeister mit dem Deckel verschließen und für 40 Min. in den vorgeheizten Backofen stellen (Rost, unterste Schiene).

7| Nach dieser Zeit die Kokoscreme und Sambal Olek unter die Soße mischen und nochmals abschmecken.

Toastbrot

Einfach **1 Brot** **1 Stunde 40 Minuten** **Kleiner Zaubermeister „Lily"**

240 g Wasser
½ Würfel Hefe
30 g brauner Zucker
30 g Butter und etwas mehr für die Form
500 g Mehl, Type 405
1 TL Salz

Barbaras Tipp
Das Toastbrot lässt sich hervorragend am Vorabend backen, dann hat es genau die richtige Schnittfestigkeit und Konsistenz zum Toasten.

1| Wasser, Hefe, Zucker und Butter zu einem Vorteig verrühren ***(TM: 1 Min./37°C/ Stufe 3)***.

2| Mehl und Salz zugeben und ca. 3 Min. kneten ***(TM: 3 Min./ Knetstufe)***. Teig in eine große Schüssel geben, Deckel aufsetzen und an einem warmen Ort 30 Min. gehen lassen.

3| Teig in drei Teile aufteilen. Aus jedem Teil eine große Kugel formen und eng nebeneinander in die gefettete „Lily" setzen.

4| Wieder an einem warmen Ort gehen lassen, bis sich das Volumen verdoppelt hat (ca. 30 Min.).

5| „Lily" in den kalten Backofen stellen, und auf 180°C O/U-Hitze heizen. Ca. 30 - 40 Min. backen und vollständig abkühlen lassen. Ggf. den Deckel im letzten Drittel der Backzeit abnehmen.

Malziges Vitalbrot

Einfach | 1 Brot - ca. 1,3 kg | 3 Stunden 10 Minuten | Ofenmeister

500 ml Malzbier
150 g Saaten, gemischt (Sonnenblumenkerne, Leinsamen)
½ Würfel Hefe
150 g Weizenmehl, Type 1050
150 g Roggenmehl, Type 1150
450 g Dinkelmehl, Type 630
2 TL Salz
20 g Balsamico-Essig
2 TL Sauerteigpulver

1| Die Saaten mit 100 ml Malzbier vermengen und mind. 60 Min. quellen lassen.

2| Hefe und 400 ml Malzbier leicht erwärmen. ***(TM: 3 Min./37 °C/Stufe 2)***

3| Alle restlichen Zutaten zugeben und auch die gequollenen Saaten mit dazugeben. Alles zu einem Teig kneten. ***(TM: 15 Sek./Stufe 6 vermischen und dann 4 Min./Knetstufe kneten lassen)***

4| Nun den Teig abgedeckt 60 Min. gehen lassen.

5| Der Teig ist ganz leicht klebrig, lässt sich aber gut verarbeiten. Den Teig zu einem Laib formen und in den 3-Liter-Ofenmeister legen und einschneiden.

6| Deckel drauf und in den kalten Backofen stellen. Nun 60 Min. auf 230°C O/U-Hitze backen.

7| Nach der Backzeit den Deckel abnehmen und bis zur gewünschten Bräune nachdunkeln lassen (ca. 8 - 10 Min.).

Steffis Tipp
Die Hälfte des Rezeptes passt auch gut in den Kleinen Zaubermeister „Lily", die Backzeit dann um 10 Minuten reduzieren.

Das Brot kann auch mit Buttermilch oder Wasser zubereitet werden.

Faltenbrot

Einfach 8 Portionen 3 Stunden inklusive Gehzeit Ofenmeister

TEIG:
10 g Hefe
300 ml lauwarmes Wasser
1 Prise Zucker
600 g Dinkelmehl
2 TL Salz
3 EL Olivenöl

KRÄUTERBUTTER:
1 Knoblauchzehe
1 Zwiebel
1 Hand voll Kräuter
120 g weiche Butter
1 TL Salz

1| Die Hefe mit dem Zucker im Wasser auflösen, danach das Mehl, Salz und Olivenöl hinzugeben und mindestens 4 Min. kneten. ***(TM: 4 Min./ Teigstufe)***

2| Den Teig 2 Stunden gehen lassen.

3| In der Zwischenzeit die Zwiebel, den Knoblauch und die Kräuter fein hacken ***(TM: 20 Sek./Stufe 6)*** und mit dem Salz und der Butter zu einer Kräuterbutter vermischen. ***(TM: 30 Sek./Stufe 4)***

4| Den Teig auf einer Backmatte zu einem Rechteck ausrollen und mit Kräuterbutter bestreichen.

5| Nun 5 cm breite Streifen schneiden und diese wie eine Ziehharmonika falten.

6| Den gefalteten Teig in den Ofenmeister setzen. So mit allen Teigstreifen verfahren.

7| Deckel auf den Ofenmeister setzen und in den nicht vorgeheizten Ofen auf die unterste Schiene stellen.

8| Ofentemperatur auf 230°C stellen und das Faltenbrot 60 Min. backen.

Ruck-Zuck-Brot

Einfach | 1 Brot | 1 Stunde 25 Minuten | Kleiner Zaubermeister „Lily“

300 ml Wasser oder Malzbier
½ Würfel Hefe
½ TL Zucker
260 g Dinkelmehl, Type 630
150 g Roggenmehl, Type 1150
2 TL Salz
50 g Joghurt

Steffis Tipp
Dieses Brot kannst du aufgrund der Teigkonsistenz nur im Kleinen Zaubermeister backen.

1| Das Wasser oder Malzbier mit der Hefe und dem Zucker lauwarm erwärmen.
[TM: 3 Min./ 37°C/Stufe 2]

2| Die restlichen Zutaten zugeben und mit einer Küchenmaschine zu einem weichen Teig verkneten.
[TM: 5 Min./ Knetstufe]

3| Den Kleinen Zaubermeister einfetten und etwas einmehlen. Den weichen Teig in den Kleinen Zaubermeister geben und die Oberfläche mit etwas Mehl bestreuen.

4| Den Kleinen Zaubermeister ohne Deckel in den kalten Backofen geben und nun folgende Aufheiztechnik verwenden:
15 Min.: 50°C
10 Min.: 100°C
50 Min.: 200°C

5| Das Brot geht durch diese Technik sehr gut auf und deshalb backe ich dieses Brot ohne Deckel.

6| Nach der Backzeit aus dem Kleinen Zaubermeister nehmen und auf einem Kuchengitter abkühlen lassen.

Hilda - das Brot mit Chiasamen

Einfach **1 Brot** **1 Stunde 10 Minuten** **Ofenmeister**

3 EL Chiasamen
350 ml Wasser
15 g Hefe
250 g Dinkelmehl, Type 640
250 g Weizenmehl
1 TL Backmalz
1 ½ TL Salz

1| Die Chiasamen in 100 ml Wasser 10 Min. einweichen.

2| Die Hefe in 250 ml Wasser auflösen und mit den Mehlen, dem Backmalz, dem Salz und den eingeweichten Chiasamen zu einem geschmeidigen Teig verkneten.
(TM: 4 Min./Teigstufe)

3| Den Teig auf einer bemehlten Backunterlage zehnmal falten und zu einem Laib formen.

4| In den bemehlten Ofenmeister legen und mit dem Deckel verschließen.

5| Den Ofenmeister im Ofen auf die unterste Schiene auf ein Rost stellen, Temperatur auf 230°C stellen und 55 Min. backen.

Landbrot

Einfach **2 Brotlaibe** **3 Stunden 25 Minuten** **Ofenmeister**

500 ml Wasser oder Buttermilch
30 g Hefe
1 TL Honig
150 g Roggenmehl, Type 1150
580 g Weizenmehl, Type 1050
2 TL Salz

Steffis Tipp
Die Hälfte des Rezeptes passt auch gut in den Kleinen Zaubermeister „Lily", die Backzeit dann um 10 Minuten reduzieren..

1| Die Hefe mit dem Wasser oder Buttermilch verrühren und möglichst handwarm erwärmen.
[TM: 3 Min./37 °C/Stufe 2]

2| Die restlichen Zutaten zugeben und mit einer Küchenmaschine in ca. 8 - 10 Min. einen Teig herstellen.
[TM: 8 Min./Knetstufe]

3| Den Teig in eine große Schüssel umfüllen und mindestens 2 Stunden abgedeckt gehen lassen. Der Teig geht sehr auf.

4| Nun den Teig auf eine bemehlte Backunterlage geben und zu einem oder zwei Laiben kneten.

5| In den bemehlten 3-Liter-Ofenmeister geben und die Laibe mit Mehl bestreuen und einschneiden.

6| Den geschlossenen Topf in den kalten Backofen geben und bei 230°C für 70 Min. bei O/U-Hitze backen.

Kleiner Dinkel-Bub

Einfach | 1 Brot - 800 g | 2 Stunden 15 Minuten | Kleiner Zaubermeister „Lily"

280 g Buttermilch
¼ Würfel Hefe
1 Prise Zucker
150 g Dinkelvollkornmehl
150 g Dinkelmehl, Type 630
80 g Roggenmehl, Type 1150
2 TL Salz
1 TL Sauerteigpulver
15 g Balsamico-Essig

ZUM BESTREUEN
gemischte Saaten nach Wahl (Sonnenblumenkerne, Sesam, Kürbiskerne, Leinsamen ...)

1| Hefe mit einer guten Prise Zucker auflösen und mit Buttermilch verrühren. ***(TM: 3 Min./37°C/ Stufe 2)***

2| Restliche Zutaten zugeben und mit einer Küchenmaschine ca. 5 - 10 Min. einen Teig kneten lassen. ***(TM: 5 Min./Knetstufe)***

3| Eine Schüssel leicht mit Mehl ausstreuen. Weichen Teig hineingeben und abdecken. Brotteig ca. 1 - 2 Stunden gehen lassen.

4| Backofen auf 230°C O/U-Hitze vorheizen, Backrost auf unterste Schiene schieben.

5| Eine Backmatte mit Mehl bestreuen und den Teig daraufgeben. Den Teig erneut mit Mehl bestreuen und mit den Händen flach drücken. Nun durch Falten des Teiges einen Brotlaib formen.

6| Den Boden des Kleinen Zaubermeisters einmehlen oder Sonnenblumenkerne einstreuen. Den Brotlaib hineinlegen und mit Saaten bestreuen und andrücken. Nach Belieben ein Muster einschneiden.

7| Deckel aufsetzen und backen. Die Backzeit beträgt ca. 60 Min.

Steffis Tipp
Das Brot kann auch in den kalten Ofen, dann Backzeit auf 70 Minuten erhöhen.

Eierlikörkuchen

Einfach **1 Kuchen** **1 Stunde** **Kleiner Zaubermeister „Lily"**

3 Eier
150 g Puderzucker
150 g Rapsöl
150 g Eierlikör
75 g Mehl
75 g Speisestärke
½ Pck. Backpulver
1 TL Vanillezucker

1| Ofen auf 180°C vorheizen.

2| Aus allen Zutaten mit dem Mixer einen homogenen, relativ flüssigen Teig herstellen.

3| Den Teig in den kKleinen Zaubermeister gießen und ca. 45-50 Min. ohne Deckel backen.

4| Mit Puderzucker bestäuben.

Connys Tipp
Man kann auch noch Schokotröpfchen in den Teig geben und mitbacken. Schmeckt sehr gut.

Kokos-Milchreis

Einfach | 2 Portionen | 1 Stunde 10 Minuten | Kleiner Zaubermeister „Lily"

150 g Milchreis
400 ml Kokosmilch
100 g Wasser
1 Prise Salz
60 g Zucker
2 EL Kokosraspel
Kokosfett zum Einfetten
1 - 2 reife Mangos

1| Den Kleinen Zaubermeister mit Kokosfett einpinseln.

2| Backofen vorheizen auf 200°C O/U-Hitze.

3| Milchreis, Kokosmilch, Wasser, Salz, Zucker und Kokosraspel in den Kleinen Zaubermeister geben und verrühren. Mit dem Deckel verschließen und in den Backofen geben.

4| Den Milchreis ca. 50 Min. garen.

5| Nach der Garzeit aus dem Ofen nehmen, kurz vermischen und erneut mit geschlossenem Deckel ruhen lassen.

6| Mangos schälen und in mundgerechte Stücke schneiden. Falls der Milchreis nach der Ruhezeit fester ist, kannst du noch etwas Kokosmilch oder Wasser zugeben und verrühren. Die Mangos zum Kokos-Milchreis servieren und genießen.

Softer Hefezopf mit feiner Nussfüllung

Normal | 1 Zopf | 2 Stunden 25 Minuten | Ofenmeister

TEIG:
130 g Milch
½ Würfel Hefe
50 g weiche Butter
50 g Zucker
1 Prise Salz
1 TL Vanilleextrakt
300 g Mehl

FÜLLUNG:
200 g gemahlene Nüsse
1 Ei
150 g Zucker
50 g weiche Butter

1| Die Milch, Butter, Hefe und Zucker lauwarm erwärmen. ***[TM: 3 Min./37°C/Stufe 2]***

2| Restliche Zutaten für den Teig zugeben und mit einer Küchenmaschine zu einem geschmeidigen Teig kneten. ***[TM: 8 Min./Knetstufe]***

3| Den Teig in eine Schüssel geben und abgedeckt 60 Min. gehen lassen.

4| Die Zutaten für die Füllung in einer Schüssel gut vermischen. ***[TM: Sek./Stufe 3]***

5| Den Teig auf einer Backmatte auf ca. 25 x 40 cm ausrollen und mit der Füllung bestreichen.

6| Von der kurzen Seite her aufrollen und die Enden gut verschließen. Die Rolle in der Mitte längs durchschneiden.

7| Den Ofenmeister einfetten.

8| Die beiden Teigstreifen verdrehen und die Enden gut verschließen und etwas unter den Zopf legen.

9| Zopf in den Ofenmeister legen.

10| Den Ofenmeister ohne Deckel in den kalten Backofen geben und bei 180°C ca. 60 Min. backen.

11| Nach der Backzeit den Zopf auf einem Kuchengitter auskühlen lassen und optional mit Puderzuckerglasur verzieren.

Rohrnudeln

Einfach **4 Portionen** **1 Stunde 30 Minuten** **Ofenmeister**

TEIG:
½ unbehandelte Zitrone
50 g Zucker
250 ml Milch
20 g Hefe
1 Ei
150 g weiche Butter
500 g Mehl (Weizendunst oder Type 405)
1 Prise Salz

KARAMELLBODEN:
150 ml Milch
50 g Butter
70 g Zucker

1| Die Zitrone heiß waschen und mit einem Zester oder einer feinen Reibe die Schale abreiben. Zusammen mit dem Zucker zu Puderzucker pulverisieren. ***(TM: 30 Sek./Stufe 10)***

2| Milch und Hefe zugeben und erwärmen. ***(TM: 30 Sek./37°C/Stufe 1)***.

3| Ei, Butter, Mehl und Salz zugeben und zu einem geschmeidigen Teig verkneten. ***(TM: 3 Min./Knetstufe).***

4| Den Teig in eine glatte Schüssel geben und abgedeckt 60 Min. gehen lassen.

5| Milch, Butter und Zucker in den Ofenmeister geben und in den kalten Ofen stellen.

6| Ofen auf 200°C O/U-Hitze einstellen und den Ofenmeister ohne Deckel mit dem Ofen langsam erwärmen.

7| Ofenmeister nach 3 - 5 Min. aus dem Ofen nehmen, die Butter sollte jetzt geschmolzen sein. Evtl. etwas verrühren.

8| Den Teig auf die Arbeitsfläche geben und mit einem Messer in 6 - 8 gleich große Stücke schneiden. Jedes Stück etwas flach drücken und ggf. mit etwas Mehl von außen nach innen wie eine Blüte rund falten.

9| Die Teigkugeln in die Zucker-Butter-Milch setzen und mit Deckel noch einmal etwa 15 Min. gehen lassen.

10| In den Ofen auf die unterste Schiene stellen und ca. 25 - 30 Min. backen. Wenn man mehr Bräunung wünscht, einfach den Deckel die letzten 5 Min. abnehmen.

11| Mit Puderzucker bestäuben oder mit Vanillesoße servieren.

Notizen

Notizen